Öffne die Tür deines Herzens

Gedanken zu Advent und Weihnachten

benno

Segen sei mit dir,
der Segen strahlenden Lichtes,
Licht um dich her
und innen in deinem Herzen.
Sonnenschein leuchte dir
und erwärme dein Herz,
bis es zu glühen beginnt
wie ein großes Torffeuer,
und der Fremde tritt näher,
um sich daran zu wärmen

Irischer Segensspruch

Ein helles Licht in dunkler Zeit

O Jesus, der du zum Kind geworden bist,
um uns alle zu suchen und mit unserem Namen anzusprechen,
du, der jeden Tag kommt und uns in dieser Nacht heimsucht,
lass uns dir unser Herz öffnen.
Wir wollen unser Leben, die Erzählung unserer eigenen Geschichte in deine Hände legen, damit du es mit deinem ewigen Fundament erhellst und uns den tieferen Sinn all unseres Leidens, unserer Schmerzen, Tränen und Finsternis deutest.
Erhelle und erwärme unsere Herzen mit dem Licht dieser Nacht, lass uns dich wie Maria und Josef betrachten,
gib unseren Häusern, unseren Familien und unserer Gesellschaft Frieden!
Hilf, dass sie dich aufnimmt und über dich und deine Liebe froh wird.

Carlo Maria Martini

»Das Volk,
das im Dunkel lebt,
sieht ein helles Licht;
über denen,
die im Land der
Finsternis wohnen,
strahlt ein Licht auf.
Du erregst lauten
Jubel und schenkst
große Freude.
Man freut sich
in deiner Nähe,
wie man sich freut
bei der Ernte,
wie man jubelt,
wenn Beute
verteilt wird.«
Jes 9,1 – 2

In der Adventszeit setzen wir uns gerne vor eine brennende Kerze,

um in ihrem Licht Ruhe zu finden. Seit jeher haben Kerzen eine besondere Anziehungskraft auf Menschen ausgeübt. Das Kerzenlicht ist ein mildes Licht. Gegnüber der grellen Neonbeleuchtung erhellt die Kerze unsern Raum nur teilweise. Es lässt manches im Dunkel. Und das Licht ist warm und angenehm. Die Kerze ist keine funktionelle Lichtquelle, die alles gleichmäßig ausleuchten muss. Vielmehr spendet sie ein Licht, das von vornherein die Qualität des Geheimnisvollen, des Warmen, des Liebevollen in sich birgt.
Das Licht der Kerze erhellt nicht nur, es wärmt auch. Es bringt mit der Wärme Liebe in dein Zimmer. Es erfüllt dein Herz mit einer Liebe, die tiefer und geheimnisvoller ist als die Liebe der Menschen, mit denen du dich verbunden weißt.

Anselm Grün

»Doch aus dem
Baumstumpf Isais
wächst ein Reis hervor,
ein junger Trieb
aus seinen Wurzeln
bringt Frucht.
Der Geist des Herrn
lässt sich nieder auf ihm:
der Geist der Weisheit
und der Einsicht,
der Geist des Rates
und der Stärke,
der Geist der Erkenntnis
und der Gottesfurcht.«
Jes 11, 1–2

Sich auf Weihnachten vorbereiten heißt:

in Stille und Nachdenklichkeit eintreten in den Traum Gottes. Gott träumte von einer Erde, als sie noch ein Paradies war, von der Zeit, bevor Kain seinen Bruder Abel erschlug. Gott träumte, dass Menschen nicht mehr einander abstoßen und abschieben, dass sie sich nicht mehr gegenseitig quälen und abschlachten oder verhungern lassen. Gott träumte von einer Welt, in der Menschen wie wahre Geschwister leben: miteinander, eine große Familie, keine Armen und keine Unterdrückten mehr, keine Verfolgten und keine Flüchtlinge mehr, keine Einsamen mehr.
Der Traum Gottes war ein fantastischer Traum, aber er wurde von Menschen zerschlagen. Und dennoch hat Gott in jedes Menschenherz das Heimweh nach dem verlorenen Paradies gelegt, das Heimweh nach etwas Glück auf Erden. Ja, er kommt selbst auf die Erde, um seinen Traum zu verwirklichen und das Antlitz seiner Schöpfung zu erneuern.

Phil Bosmans

»Als aber die Zeit
erfüllt war,
sandte Gott seinen Sohn,
geboren von einer Frau
und dem Gesetz
unterstellt,
damit er die freikaufe,
die unter dem Gesetz
stehen,
und damit wir die
Sohnschaft erlangen.
Weil ihr aber Söhne seid,
sandte Gott den Geist
seines Sohnes in unser
Herz, den Geist,
der ruft: Abba, Vater.
Daher bist du nicht mehr
Sklave, sondern Sohn;
bist du aber Sohn,
dann auch Erbe,
Erbe durch Gott.«
Gal 4,4 – 7

Oft erfahren wir unsere Zeit als unerfüllt und leer.

Wir hoffen, dass morgen, nächste Woche, nächsten Monat oder nächstes Jahr das eigentlich Wesentliche geschehen wird. Aber manchmal erfahren wir die Fülle der Zeit, zum Beispiel dann, wenn die Zeit still zu stehen scheint, wenn Vergangenheit, Gegenwart und Zukunft ineinander fließen, wenn alles in diesem Augenblick und an diesem Ort gegenwärtig ist und Gott, wir und alles, was ist, zu einer vollkommenen Einheit werden. Es ist die Erfahrung der Zeit Gottes. »Als die Zeit erfüllt war, sandte Gott seinen Sohn, geboren von einer Frau« (Gal 4,4).
Und in der Fülle der Zeit wird Gott »in Christus alles vereinen, alles, was im Himmel und auf Erden ist« (Eph 1,10).
So ist die Fülle der Zeit die Zeit, in der wir Gott begegnen.

Henri J. M. Nouwen

»Nach einigen Tagen
machte sich Maria
auf den Weg und eilte in
eine Stadt im Bergland
von Judäa. Sie ging in das
Haus des Zacharias und
begrüßte Elisabet.
Als Elisabet den Gruß
Marias hörte, hüpfte das
Kind in ihrem Leib.
Da wurde Elisabet vom
Heiligen Geist erfüllt und
rief mit lauter Stimme:
Gesegnet bist du mehr
als alle anderen Frauen,
und gesegnet ist die
Frucht deines Leibes.
Wer bin ich, dass die
Mutter meines Herrn zu
mir kommt?
In dem Augenblick, als
ich deinen Gruß hörte,
hüpfte das Kind vor
Freude in meinem Leib.
Selig ist, die geglaubt hat,
dass sich erfüllt, was der
Herr ihr sagen ließ.«
Lk 1,39 – 45

»Maria durch ein Dornwald ging,
der hat in sieben Jahr'n kein Laub getragen.

Was trug Maria unter ihrem Herzen?
Ein kleines Kindlein ohne Schmerzen.

Da haben die Dornen Rosen getragen,
als das Kindlein durch den Wald getragen.«

Da geht eine Frau durch einen Wald, der Dornen trägt, und die Dornen sind hart und trocken, seit sieben Jahren ohne ein grünes Blatt. Sie geht durch eine Zone der Schrecken und Trostlosigkeit, eine Zone des Elends und der tödlichen Weglosigkeit. Aber sie trägt auf ihrem gefahrvollen Weg das Kind in sich, Christus. Und indem das Kind durch den Wald getragen wird, beginnt an den Dornen etwas aufzubrechen, zu knospen und zu blühen, da verwandelt sich die düstere Unterwelt der Seele in einen Garten. Nicht, dass der Wald sich öffnet und ein paradiesisches Land sich auftut. Die Dornen bleiben, aber an den Dornen wachsen Rosen, die Symbole der himmlischen Vollendung. Es fängt etwas an zu blühen und zu duften.

Jörg Zink

»Da sagte Maria:
Meine Seele preist die
Größe des Herrn,
und mein Geist
jubelt über Gott,
meinen Retter.
Denn auf die Niedrigkeit
seiner Magd hat er
geschaut.
Siehe, von nun an
preisen mich selig
alle Geschlechter.
Denn der Mächtige
hat Großes an mir getan,
und sein Name
ist heilig...
Er nimmt sich seines
Knechtes Israel an
und denkt an
sein Erbarmen,
das er unsern Vätern
verheißen hat,
Abraham und
seinen Nachkommen
auf ewig.«
Lk 1,46 – 49.54 – 55

**»Maria durch ein Dornwald ging,
der hat in sieben Jahr'n kein Laub getragen.«**

Das Lied schildert, was in der Unterwelt der Seele geschieht, wenn sie den einsam und wehrlos wandernden Christus in sich trägt, und sei es in der anfänglichen Form, in der dieser Christus noch gleichsam ein Kind ist. Denn er soll ja in Maria, in der Seele, Gestalt annehmen. Und mit ihm soll etwas anfangen zu wachsen und zu blühen, eine neue, tiefere, eine erlösende Gotteserkenntnis, die der Wandernden eine Ahnung gibt von der inneren Fülle und Schönheit, zu der sie berufen ist.

Jörg Zink

»Wer der Erste sein will,
soll der Letzte sein
von allen und
der Diener aller sein.
Und er stellte ein Kind
in ihre Mitte,
nahm es in seine Arme
und sagte zu ihnen:
Wer ein solches Kind um
meinetwillen aufnimmt,
der nimmt mich auf;
wer aber mich aufnimmt,
der nimmt nicht nur
mich auf, sondern den,
der mich gesandt hat.«
Mk 9,35b – 37

Gestern hat mich auf der Straße ein Bettler angehalten.

Er wollte etwas Geld, um sich einen Bissen zu essen zu kaufen. Er rechnete nicht mit einer Reaktion; doch als ich ihm zehn Dollar gab, sprang er auf und sagte: »Dankeschön, ganz, ganz herzlichen Dank!« Er war sehr überrascht über die reiche Gabe; aber mich befiel plötzlich Traurigkeit. Ich war auf dem Weg zu einer Sitzung, die ich nicht verpassen wollte. Meine Gabe war nur eine Entschuldigung für mein Weitergehen. Ich hatte den Bettler nicht aufgenommen – hatte nur versucht, vor mir selbst freigiebig zu sein. Meine »Freigiebigkeit« zeigte mir, wie sehr ich mich dagegen sträubte, das »kleine Kind« aufzunehmen. Um ein »kleines Kind« aufzunehmen, muss ich selbst klein werden.

Henri J. M. Nouwen

»Liebe Brüder,
wir wollen
einander lieben;
denn die Liebe
ist aus Gott,
und jeder, der liebt,
stammt von Gott
und erkennt Gott.
Wer nicht liebt,
hat Gott nicht erkannt;
denn Gott ist die Liebe.
Die Liebe Gottes wurde
unter uns dadurch
offenbart,
dass Gott seinen
einzigen Sohn
in die Welt gesandt hat,
damit wir durch
ihn leben.
Nicht darin besteht
die Liebe,
dass wir Gott
geliebt haben,
sondern dass er uns
geliebt und seinen Sohn
als Sühne für unsere
Sünden gesandt hat.«
1 Joh 4, 7 – 10

Weihnachten ist der Durchbruch der Liebe

in dieser dunklen, kalten Welt. Zu dieser Welt gehört auch unser Herz. Auch hier kann die Güte und Liebe zum Durchbruch kommen. Wir brauchen keine Angst zu haben, dass wir arm und leer und kalt sind. Das war auch die Krippe im Stall von Betlehem. Sie hatte nur eine entscheidende Eigenschaft: sie war offen.
Das ist auch schon alles, was von uns zu Weihnachten verlangt wird: offen sein! Jede Verschlossenheit ist eine Form ängstlicher oder stolzer Verweigerung, ein Zeichen dafür, dass man nichts annehmen, nichts geschenkt haben will, ein Zeichen von Ablehnung und Hass. Gott kommt aber nicht im Hass, nicht in Zank und Streit, nicht in Nörgelei, Neid und Verbitterung. Er kann dort nicht ankommen, wo man die Türen des Herzens verbarrikadiert.
Gott wohnt in der Güte von Mensch zu Mensch, in der Versöhnung miteinander, im Verständnis füreinander, in Freundlichkeit und Geduld.
Ist bei uns die Liebe zu Hause, wird Gott bei uns Wohnung finden?

Phil Bosmans

»Bedenkt
die gegenwärtige Zeit:
Die Stunde ist
gekommen,
aufzustehen vom Schlaf.
Denn jetzt ist das Heil
uns näher
als zu der Zeit,
da wir gläubig wurden.
Die Nacht ist vorgerückt,
der Tag ist nahe.
Darum lasst uns ablegen
die Werke der Finsternis
und anlegen die Waffen
des Lichts.
Lasst uns ehrenhaft
leben wie am Tag;
ohne maßloses Essen
und Trinken,
ohne Unzucht
und Ausschweifung,
ohne Streit und
Eifersucht. Legt
(als neues Gewand)
den Herrn Jesus
Christus an.«
Röm 13, 11 – 14 a

Wer das Fest der Geburt Gottes feiert,

der glaubt an den unendlichen Wert, den er in Gottes Augen hat, wie hoch oder niedrig er sich im Übrigen auch einschätzen mag. Wer es feiert, braucht sich nicht mehr mit der Frage zu ängsten, wer denn er selbst sei. Er hört: Einer weiß es. Und er sieht nicht nur, was du bist, sondern auch, was du sein wirst, nämlich unendlich mehr. Wer es feiert, braucht sich nicht mehr an der Frage wundzureiben, was denn aus ihm werde, wenn er alt und hinfällig sei. Er darf wissen: Am Ende ist meine alte Gestalt nicht mehr wichtig. Ich empfange mehr, als ich verliere. Wer es feiert, braucht nicht mehr in der Schwermut zu versinken. Er darf wissen: Es gibt eine Neugeburt des Menschen aus der Tiefe. Ich werde mich zu einer Freiheit und Zuversicht erheben, von der ich jetzt noch nicht einmal träumen kann: zur Freiheit der Kinder Gottes.

Jörg Zink

»Als sie den Stern sahen,
wurden sie von sehr
großer Freude erfüllt.
Sie gingen in das Haus
und sahen das Kind
und Maria, seine Mutter;
da fielen sie nieder
und huldigten ihm.
Dann holten sie ihre
Schätze hervor und
brachten ihm Gold,
Weihrauch
und Myrrhe
als Gaben dar.«
Mt 2,10 – 11

Wenn Gott sich uns an Weihnachten schenkt,

ist es angebracht, dass auch wir einander etwas schenken. Im Schenken bringen wir zum Ausdruck, dass wir selbst die Beschenkten sind. Das deutsche Wort »schenken« bedeutet ursprünglich: einem etwas zu trinken geben. Wir sagen ja auch heute noch, dass wir dem andern Wein einschenken. Schenken meint also, dass wir dem andern, der Durst hat, etwas einschenken, damit er seinen Durst stillen kann. Wer keinen Durst hat, dem soll man auch nichts schenken. Heute haben viele keinen Durst mehr danach, Süßigkeiten oder Wein, Kleider oder Haushaltsgeräte zu bekommen. Denn davon hat jeder schon genug. Aber jeder von uns dürstet nach Liebe, nach Zuwendung, nach Wertschätzung. So sehnen sich heute wohl die meisten nach einem Geschenk, das Ausdruck der Liebe ist. Wenn ich mein Herz in ein Geschenk hineinlege, dann erreicht es den andern, dann stillt es seinen Durst.

Anselm Grün

»Die Wüste
und das trockene Land
sollen sich freuen,
die Steppe soll jubeln
und blühen.
Sie soll prächtig blühen
wie eine Lilie,
jubeln soll sie,
jubeln und jauchzen.
Man wird die
Herrlichkeit
des Herrn sehen,
die Pracht
unseres Gottes.
Macht die erschlafften
Hände wieder stark
und die wankenden
Knie wieder fest!
Sagt den Verzagten:
Habt Mut,
fürchtet euch nicht.
Seht,
hier ist euer Gott.«
Jes 35,1 – 4

Wie soll ich diese Heilige Nacht beschreiben?

Wie der Fülle von Empfindungen und Gedanken Ausdruck verleihen, die diese freudige Feier begleiten? In dieser Nacht wird die Erwartung von vier Wochen erfüllt; in ihr feiern wir das Gedächtnis des tiefsten Mysteriums des Lebens, die Geburt Gottes in einer Welt, die im Sterben liegt. In dieser Nacht wird in einer von Grausamkeit, Unfreiheit und Hass erfüllten Gesellschaft der zarte Schössling des Mitleids, der Freiheit und des Friedens eingepflanzt. Die Hoffnung auf eine neue Erde, die kommen soll, wird grundgelegt. All das und noch viel mehr ereignet sich in dieser Nacht. Für mich ist sie Abschluss einer gesegneten und gnadenreichen Zeit der Einkehr und der Anfang eines neuen Lebens.

Henri J. M. Nouwen

Textnachweis

S. 7: Aus: Carlo Maria Martini: Ein helles Licht in dunkler Zeit
© Matthias-Grünewald-Verlag, Mainz 1998

S. 8: Aus: Anselm Grün, Weihnachten – Einen neuen Anfang feiern
© Verlag Herder, Freiburg, 4. Auflage 2002

S. 10: Aus: Phil Bosmans, Weihnachten mit Phil Bosmans, herausgegeben von Ulrich Schütz
© Verlag Herder, Freiburg, 3. Auflage 2001

S. 12: Aus: Henri J. M. Nouwen, Leben hier und jetzt
© Verlag Herder, Freiburg, 4. Auflage 2000

S. 14/16: Aus: Jörg Zink, Sieh nach den Sternen – gib acht auf die Gassen
© Kreuz Verlag, Stuttgart 1992, S. 121/122

S. 18: Aus: Henri J. M. Nouwen, Nachts bricht der Tag an
© Verlag Herder, Freiburg, 4. Auflage1999

S. 20: Aus: Phil Bosmans, Weihnachten mit Phil Bosmans, herausgegeben von Ulrich Schütz
© Verlag Herder, Freiburg, 3. Auflage 2001

S. 22: Aus: Jörg Zink, Briefe für Sie geschrieben
© Kreuz Verlag, Stuttgart 1978

S. 24: Aus: Anselm Grün, Weihnachten – Einen neuen Anfang feiern
© Verlag Herder, Freiburg, 4. Auflage 2002

S. 26: Aus: Henri J. M. Nouwen, Ich hörte auf die Stille
© Verlag Herder, Freiburg, 19. Auflage 2003

Alle Bibeltexte:
Einheitsübersetzung der Heiligen Schrift
© 1980 Katholische Bibelanstalt Stuttgart

Bildnachweis

Titelbild, S. 25: Mauritius
S. 9: Andreas Pohl, Freiburg
S. 11: Toni Schneiders, Lindau
S. 13, 15: Werner H. Müller, Stuttgart
S. 17: Rauch-Color-Dia, Michelstadt
S. 21: Volker Rauch, Rödermark
S. 23: Waltraud Klammet, Ohlstadt
S. 25: Mauritius-Images/age

Bibliografische Information Der Deutschen Bibliothek

Die Deutsche Bibliothek verzeichnet diese Publikation in der Deutschen Nationalbibliografie; detaillierte bibliografische Daten sind im Internet über http://dnb.ddb.de abrufbar.

ISBN 3-7462-1659-1

Stammerstr. 11, 04159 Leipzig
www.st-benno.de
Zusammengestellt von Volker Bauch, Leipzig
Umschlaggestaltung: Ulrike Vetter, Leipzig,
unter Verwendung eines Bildes von Mauritius-Images/age
Gesamtherstellung: Arnold & Domnick, Leipzig